Toi et Moi

NOTRE HISTOIRE

SOMMAIRE

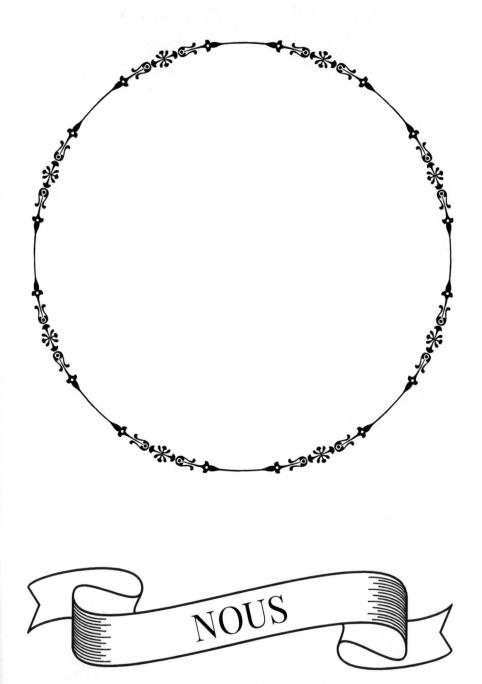

NOUS

Notre Parcours

♡ On s'est rencontrés le : ...... / ...... / ......
à ....

Nous avons habité ensemble la première
fois en .... C'était à ....

Puis nous avons trouvé notre vrai chez nous
en .... à ....

Nous nous sommes fiancés le ...... / ...... / ......
puis mariés le ...... / ...... / ......

Nous avons eu notre / nos enfant(s) :
- le ...... / ...... / ......
- le ...... / ...... / ......
- le ...... / ...... / ......

Notre rencontre

La première fois que nous nous sommes rencontrés, c'était à ....
Nous avions .... ans et .... ans.

Comment ou grâce à qui nous sommes-nous rencontrés ?

....
....
....
....

Qui a fait le premier pas ?

♡ Lui   ♡ Elle

Comment s'y est-il / elle pris ?

....
....
....
....
....

La première fois que l'on s'est embrassés :

....

....

....

....

....

....

....

....

....

Quel était notre premier rendez-vous et où ?

....

....

....

....

....

....

....

....

Je t'aime

La première fois que l'on s'est dit "Je t'aime"

Lui :

....
....
....
....
....
....
....
....

Elle :

....
....
....
....
....
....
....
....

Notre histoire vue par LUI

Comment décrirais-tu notre rencontre ?

Je colorie les cœurs qui la définissent

♡ Amusante   ♡ Surpenante

♡ Imprévue   ♡ Merveilleuse

♡ Atypique   ♡ Déstabilisante

♡ Prévisible   ♡ Catastrophique

Pourquoi ?

....

....

....

....

....

....

....

....

....

....

....

....

....

Qu'est-ce qui t'a plu en premier chez moi ? ♂

Qu'as-tu pensé de moi la première fois ?

TRUE
LOVE

Portrait chinois

Pour elle

Si j'étais une fleur

....

....

Si j'étais un animal

....

....

Si j'étais une chanson

....

....

Si j'étais une citation

....

....

Si j'étais un film

....

....

Si j'étais une couleur

....

....

Des bons à offrir

Pour elle

BON POUR

Une surprise

BON POUR

Un massage

BON POUR

Un week-end

BON POUR

Un petit déj' au lit

BON POUR

Un restaurant

BON POUR

Un cadeau

BON POUR

BON POUR

BON POUR

BON POUR

BON POUR

BON POUR

BON POUR

BON POUR

Ma plus belle déclaration

Si je devais te faire une déclaration écrite :

To Do List

La liste des choses à partager avec toi

♡ ....

♡ ....

♡ ....

♡ ....

♡ ....

♡ ....

♡ ....

♡ ....

Ce que j'aime chez toi

Colorie et / ou remplis les étoiles

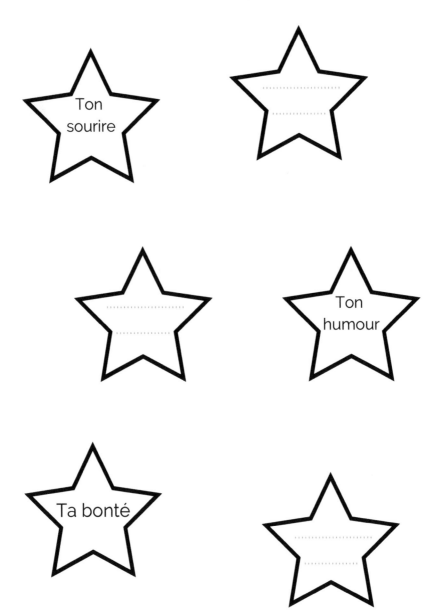

Et ce qui m'énerve

Colorie et / ou remplis les étoiles

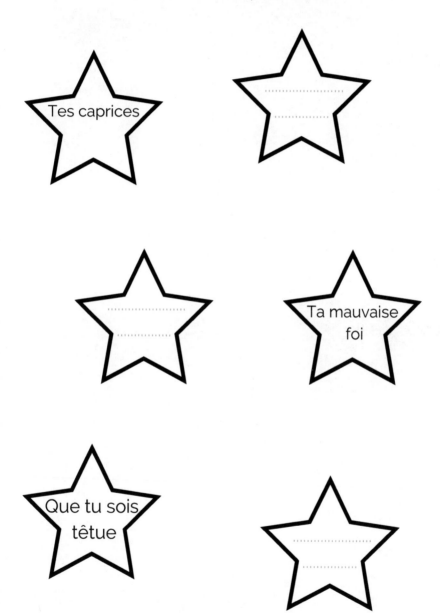

Tes caprices

Ta mauvaise foi

Que tu sois têtue

Je n'oublierai pas

La fois où ....

....

....

....

....

Et puis ....

....

....

....

....

Mais aussi ....

....

....

....

....

Et pour finir, ...

....

....

....

....

Les trucs dingues à faire à deux

• ....

• ....

• ....

• ....

• ....

• ....

Notre plus beau voyage

Celui qui a eu lieu ou celui dont vous rêvez :

....

....

....

....

....

....

....

....

....

....

....

....

....

....

....

....

....

....

....

....

Et après ...

Comment tu imagines notre avenir.... sur 1an, 10 ans, toute une vie :

....

....

....

....

....

....

....

....

....

....

....

....

....

....

....

....

....

....

....

....

QUIZZ

Me connais-tu si bien ?

- Quelle est ma couleur préférée ?

  ....

- Quel est mon plat préféré ?

  ....

- Qu'est-ce qui m'énerve le plus ?

  ....

- Qu'est-ce que je fais habituellement pendant
  mon temps libre ?

  ....

- Ai-je des superstitions ou des croyances ?

  ....

- Quelle est la chose que j'ai toujours voulue et
  que je n'ai jamais eue ?

  ....

- Quel est le super pouvoir que j'aimerais avoir ?

  ....

- Quelle est mon expression favorite ?

  ....

- Quel est mon numéro fétiche ?

  ....

- Plage, campagne ou montagne ?

  ....

- Est-ce que j'ai un porte bonheur ?

  ....

- Plutôt en avance ou en retard ?

  ....

- Comment est-ce que je voudrais appeler mes enfants ?

  ....

- Quel est le dernier livre que j'ai lu ?

  ....

- Organisée ou impulsive ?

  ....

- Quel est mon cocktail préféré ?

  ....

Dessine-moi ...

Quand je suis en colère

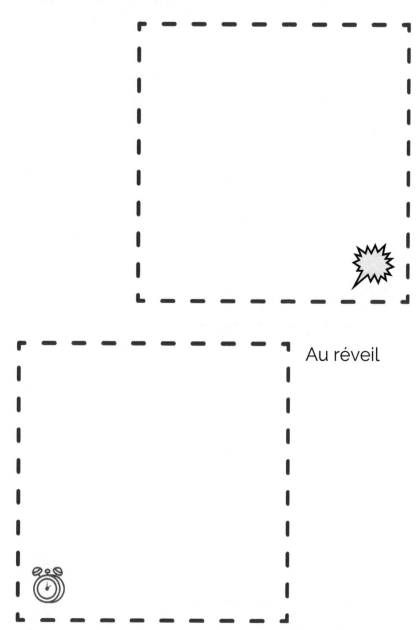

Au réveil

Quand je rentre du sport

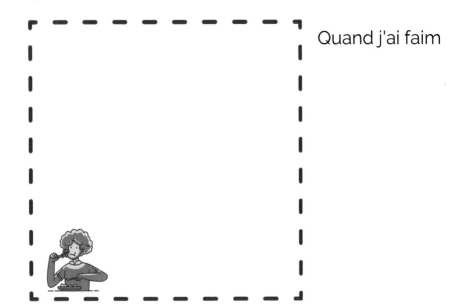

Quand j'ai faim

Notre histoire vue par ELLE

Comment décrirais-tu notre rencontre ?
Je colorie les cœurs qui la définissent

♡ Amusante   ♡ Surpenante

♡ Imprévue   ♡ Merveilleuse

♡ Atypique   ♡ Déstabilisante

♡ Prévisible   ♡ Catastrophique

Pourquoi ?

Qu'est ce qui t'a plu en premier chez moi ?

Qu'as-tu pensé de moi la première fois ?

Portrait chinois

Pour lui

Si j'étais une fleur	Si j'étais un animal

Si j'étais une chanson	Si j'étais une citation

Si j'étais un film	Si j'étais une couleur

Des bons à offrir

Pour lui

BON POUR Une surprise	**BON POUR** Un massage
BON POUR Un week-end	**BON POUR** Un petit déj' au lit
BON POUR Un restaurant	**BON POUR** Un cadeau

BON POUR

....

BON POUR

....

BON POUR

....

BON POUR

....

BON POUR

....

BON POUR

....

BON POUR

....

BON POUR

....

Ta plus belle déclaration

Si tu devais me faire une déclaration écrite :

....

....

....

....

....

....

....

....

....

....

....

....

....

....

....

....

....

....

To Do List

La liste des choses à partager avec toi

♡ ....

♡ ....

♡ ....

♡ ....

♡ ....

♡ ....

♡ ....

♡ ....

Ce que j'aime chez toi

Colorie et / ou remplis les étoiles

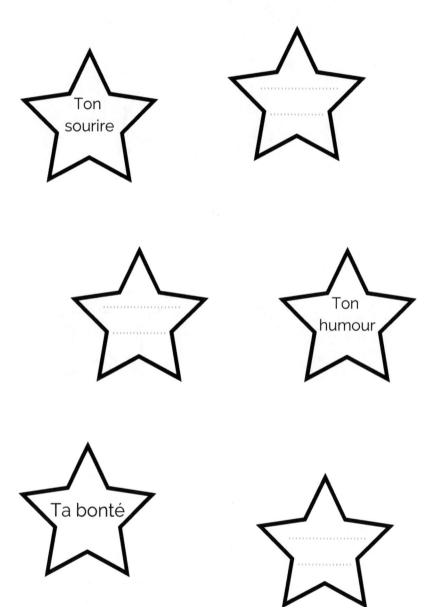

Et ce qui m'énerve ...

Colorie et / ou remplis les étoiles

Je n'oublierai pas

La fois où ....

....

....

....

....

Et puis ....

....

....

....

Mais aussi ....

....

....

....

Et pour finir, ...

....

....

....

Les trucs dingues à faire à deux

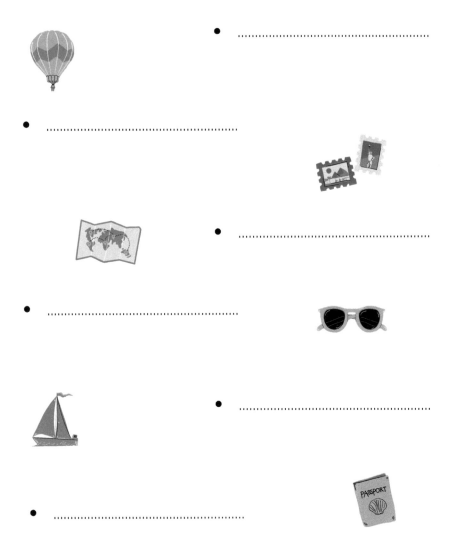

Notre plus beau voyage

Celui qui a eu lieu ou celui dont vous rêvez :

Et après ...

Comment tu imagines notre avenir.... sur 1an, 10 ans, toute une vie :

QUIZZ

Me connais-tu si bien ?

- Quelle est ma couleur préférée ?

  ....

- Quel est mon plat préféré ?

  ....

- Qu'est-ce qui m'énerve le plus ?

  ....

- Qu'est-ce que je fais habituellement pendant mon temps libre ?

  ....

- Ai-je des superstitions ou des croyances ?

  ....

- Quelle est la chose que j'ai toujours voulue et que je n'ai jamais eue ?

  ....

- Quel est le super pouvoir que j'aimerais avoir ?

  ....

- Quelle est mon expression favorite ?

  ....

- Quel est mon numéro fétiche ?

  ....

- Plage, campagne ou montagne ?

  ....

- Est-ce que j'ai un porte bonheur ?

  ....

- Plutôt en avance ou en retard ?

  ....

- Comment est-ce que je voudrais appeler mes enfants ?

  ....

- Quel est le dernier livre que j'ai lu ?

  ....

- Organisé ou impulsif ?

  ....

- Quel est mon cocktail préféré ?

  ....

Dessine-moi ...

Quand je suis en colère

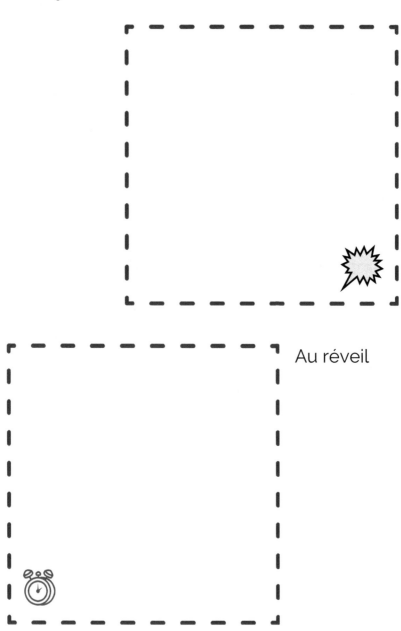

Au réveil

Quand je rentre du sport

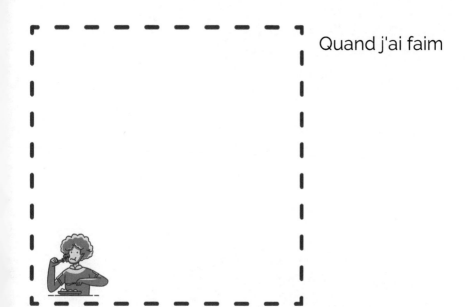

Quand j'ai faim

Correspondance

Par manque de temps ou de mots, il n'est pas toujours évident de se dire les choses. Il est parfois plus simple de les écrire. Ces quelques pages vous permettent de mettre sur papier tout ce que vous ne vous êtes jamais dit.

Printed in Poland
by Amazon Fulfillment
Poland Sp. z o.o., Wrocław

16490990R00037